AF337746

Couverture inférieure manquante

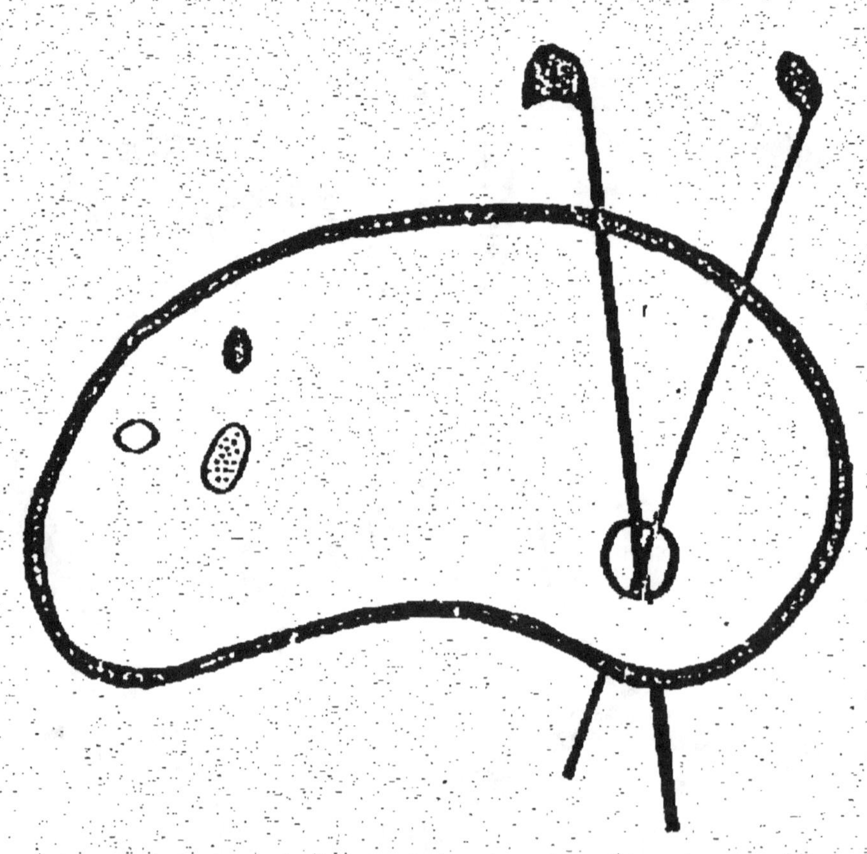

DEBUT D'UNE SERIE DE DOCUMENTS
EN COULEUR

HISTOIRE

DU

PRIEURÉ DE NOTRE-DAME-SOUS-EAU

(Près DOMFRONT)

PAR

Florentin LORIOT

ÉVREUX

IMPRIMERIE DE L'EURE

--

1896

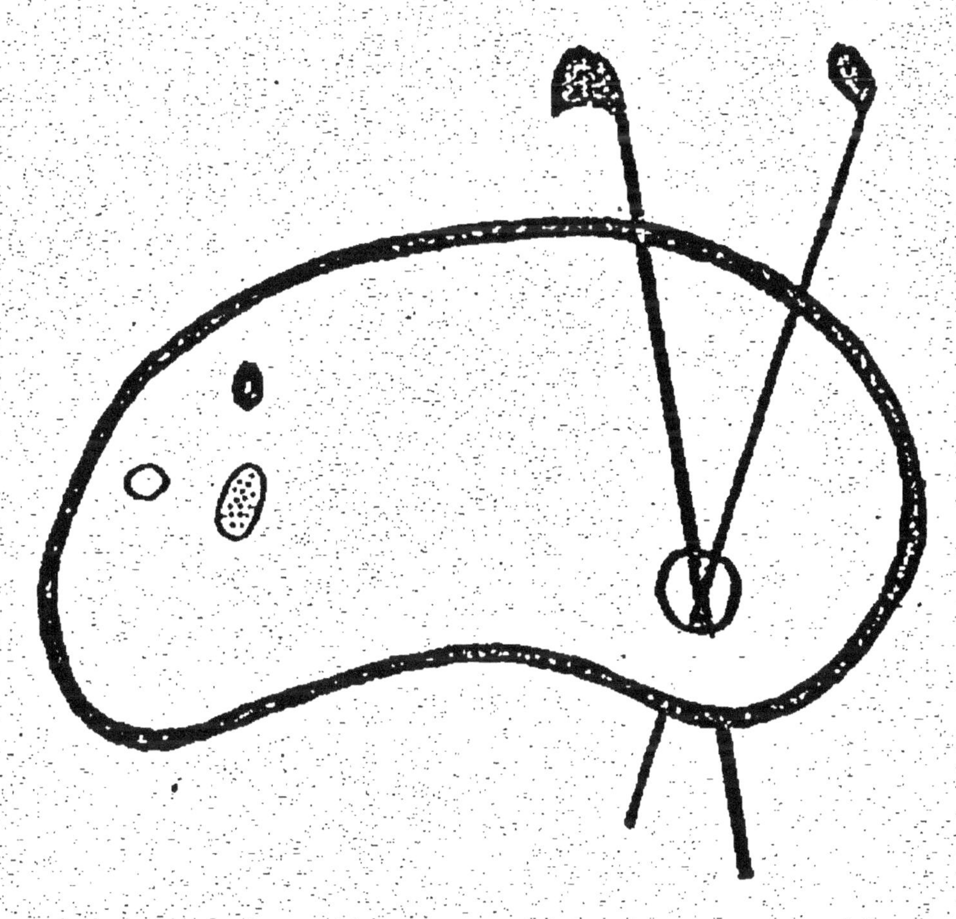

FIN D'UNE SERIE DE DOCUMENTS
EN COULEUR

HISTOIRE

DU

PRIEURÉ DE NOTRE-DAME-SOUS-EAU

(Près DOMFRONT)

PAR

Florentin LORIOT

ÉVREUX

IMPRIMERIE DE L'EURE

—

1896

HISTOIRE

PRIEURÉ DE NOTRE-DAME-SOUS-EAU

I

La forêt de Passais s'étendait au large comme une mer au pied
de la chaîne Armoricaine qui s'arrêtait tout-à-coup, s'exhaussait en
promontoire et suspendait les pas du voyageur en face des immen-
sités de la vie sylvestre. Le solitaire Front éleva le premier sur ce
faîte sa voix qui disait : *Benedicite universa germinantia in terrâ
Domino!* C'était comme le prélude d'un hymne plus large, une
psalmodie solitaire à qui d'autres chanteurs répondirent à travers
des lieues de forêt : c'étaient Guillaume à Mantilly, au lieu même
où les devins exerçaient dans l'ombre des bois leurs homicides sor-
tilèges, Auvieux ou plutôt *Alveus* qui tirait son nom des alvéoles des
abeilles et dont les feuillages n'ont pas cessé d'entourer la chapelle
romane, Bómer qui se plut au bord d'un ruisseau, Fraimbault
dans le bois de Nuz, Alnée que Ceaucé connut, Ernier ou plutôt
Erinæus, l'ermite de Banvou et dont se souvient encore le mont
Gargantin. Ces moines, et beaucoup d'autres, comme des oiseaux
quand le soleil va paraître, élevaient leurs voix éparses, inter-
mittentes comme les sons que s'entrejettent les musiciens en
quête d'un unisson. Ces chanteurs étaient des amphions. Leurs
cellules seraient les points dynamiques, les centres d'attraction par
où s'agrégeait et s'édifiait je ne sais quoi de fraternel et de nouveau
sous le soleil. Déjà en maint endroit de l'Occident les ermites
s'étaient réunis. Partout en Neustrie comme en Northumbrie les
règles d'Augustin et de Colomban avaient formé des républiques
exemplaires qui devaient servir de modèle à la cité chrétienne. Il

vint du Mont-Cassin des lois moins austères, et la discipline sortie
de la pensée de Benoît prévalut sur les autres régimes cénobitiques.

Ce fut alors que sur le promontoire rocheux, au-dessus des forêts
du Passais, Guillaume Talvas Ier, comte d'Alençon et de Bellême,
érigea les murs scandinaves d'un donjon pris à même le roc et qui
fut comme la tête altière de toute la contrée. Près de la forteresse,
sur le rocher même, il fonda le prieuré de Saint-Symphorien, et
plus bas, dans la vallée de la Varenne, le prieuré de Notre-Dame,
de sorte que, de monastère en monastère la louange du Très-Haut
descendait comme l'encens et roulait sur les bois, de la cellule de
Bômer à celle d'Erinæus, cependant que murmurait au loin avec
un bruit d'orgue la voix profonde de l'abbaye de Lonlay, maison
mère de tous ces lieux où l'on chantait : « Il est bon, il est délicieux
d'être frères et d'habiter ensemble. C'est comme l'encens qui
descend de la tête d'Aaron sur sa barbe, sur sa barbe et jusque
sur les franges de son vêtement. »

Pourquoi Guillaume Talvas I (1) fonda-t-il le prieuré de Notre-
Dame-sous-l'Eau. Ce ne fut pas, comme on l'a dit par pharisaïsme
et pour y cacher ses péchés. Non, certes. Il a parlé, il a dit ses
intentions dans une charte dictée en 1026, alors qu'il fondait
l'abbaye de Lonlay. Sa large éloquence est utile à remettre dans
la mémoire d'un âge où la vanité a tant rapetissé la pensée.

« Au nom de la sainte et indivisible Trinité, moi Guillaume de
Bellême, prince de la province, accablé sous le pesant fardeau de
mes vices, gémissant d'autant plus douloureusement sous le poids
de mes iniquités que mes richesses temporelles sont grandes,
réfléchissant depuis longtemps en moi-même avec le plus grand
soin, auquel des élus de Dieu je dois recourir pour obtenir la gué-
rison des plaies de mon âme et opérer mon salut : ne trouvant
point de plus puissante protection que celle de la très sainte mère
de Dieu qui a enfanté la miséricorde même et qui, comme nous
l'apprennent les Saints Pères, a continué d'obtenir la rémission
de leurs crimes et le pardon de leurs fautes aux plus grands cri-

---

(1) Je dis Talvas Ier afin qu'on ne le confonde pas avec Talvas II accusé
d'avoir tué sa femme Hildeburge. Talvas I fut un des constructeurs les plus
mémorables de l'histoire. Sa politique d'alliance avec le roi Robert le Pieux
n'était pas sans habileté. Son père Yves de Bellême qui sauva le jeune Richard
de Normandie des mains de Louis d'Outremer, n'était pas lui non plus, un
homme sans bonté.

mirels, et de les arracher par sa puissance aux profondeurs de l'abîme lorsqu'ils ont recours à elle; en l'honneur donc de cette bienheureuse mère de Dieu, Marie, et du consentement de mon épouse et de mes fils savoir : Foulques, Warin, et Guillaume, nous avons construit de nos propres richesses un monastère. » — Suit l'énoncé des donations — la charte ajoute :

« Ces choses étant ainsi concédées et terminées avec droit de succession, j'avertis, je prie et je conjure mes descendants de favoriser de toute la bonne volonté de leur âme et d'augmenter par de nouvelles faveurs toutes les donations que je viens de faire afin qu'eux mêmes aient part aux oraisons et suffrages des messes et autres bénéfices spirituels conquis par les serviteurs de Dieu dans les dits lieux.

Et si quelqu'un d'un esprit profane, poussé par l'exécrable inspiration de la cupidité tente de détruire ou de diminuer la force de ce testament, qu'il soit, à moins qu'il ne se repente, frappé des foudres d'un perpétuel anathème, par les évêques présents, plongé dans les ténèbres extérieures de l'abîme de la géhenne où il sera livré aux pleurs et aux grincements de dents et tourmenté sans fin avec Judas qui trahit le Christ, Dathan et Abiron que la terre dévora vifs.

Et afin que la page de cet écrit se maintienne indissoluble et stable à travers la série des siècles qui passent, je prends soin de la marquer de mon sceau comme d'un rempart, et de la corroborer en présence de mes évêques, et de mes fidèles qui vont souscrire eux-mêmes cette donation comme témoins savoir : Avesgaud, évêque du Mans, Sigefroy, évêque de Séez, Achard le Riche, chevalier de Domfront, Hervé du Grès, Foulques de Haute-Rive, Girard Malsais, Guillaume prince, Mathilde sa femme, Foulques, Guarin, Guillaume et le chevalier Robert, ses fils. »

II

Conviés à fonder par la stabilité d'un tel statut, les bénédictins de Saint-Maur construisirent en 1020 les murs du prieuré de Notre-Dame (1). Ils firent cet œuvre en un désert sans route, dépourvu

(1) Déjà Maurus avait reçu de S. Benoit la mission d'établir l'observance bénédictine dans les Gaules, il s'était arrêté en Anjou, que gouvernait un

qu'ils étaient des puissants instruments de nos industries, à la force de leurs bras et de leur patience. Ils le disposèrent selon le poids, le nombre, la mesure avec autant d'art qu'en comportaient les édifices romains.

Ils commencèrent par poser à quelques pas du lit de la Varenne l'autel où devaient s'immoler tant de biens enviés par le monde, où devait agir la force de l'intercession, et converger, dans l'ordre architectural, toutes les parties de l'édifice. La dalle de cet autel était un monolithe au bord duquel s'empilaient dans l'épais granit toutes les moulures classiques. Trois colonnes trapues et courtes déprimaient tant à leur base qu'à leur chapiteau d'autres moulures superposées, écrasées sous le poids de la dalle supérieure. L'une des colonnes courtes était encore engagée dans un polyèdre de granit qui soutenait de sa masse prismatique, aux trois angles, la dalle supérieure et l'appuyait inébranlablement.

Le nombre trois qui rappelait la Sainte Trinité semblait la loi de cet autel qui ne trouvait son analogue qu'à N.-D. d'Avesnes près Laval, dans l'abbatiale de Saint-Sever, près de Vire, et à Norrey, dans le Calvados.

Sur l'autel s'élevait l'église.

Elle eut forme de Croix.

A l'intérieur elle eut soixante pas de longueur.

Sa hauteur fut d'environ dix fois la taille d'un homme.

Le chevet en fut rond, clair de trois fenêtres rondes.

A sa droite, à sa gauche, s'appuyaient sur le mur des transepts deux absidioles en forme de four, où devait s'allumer, à l'ardeur des prières, ce que les mystiques du temps appelaient *incendium amoris* la fournaise de l'amour divin.

En face de l'autel étaient la grande nef et les nefs collatérales. Tout autour de l'autel chevauchait une procession d'arcatures aux pilastres carrés, engagées dans les murs, comme cela se voit encore dans l'église de Guibray.

Les piliers de la grande nef avaient seuls des chapiteaux et n'avaient point de chanfrein ni de moulures.

Montant du fond, un long fût de colonne portait la charpente

vicomte nommé Florus, au nom du roi d'Austrasie Theodebert, petit-fils de Clovis, ce vicomte donna à Maurus le lieu du monastère de Glanfeuil, qui porta plus tard le nom de Saint-Maur.

apparente. Piliers et colonnes, les uns supports des murs, les autres de la toiture divisaient leur office, et variaient l'unité de l'ordre.

L'éclairage était rare : de place en place, au long de la nef, au mur terminal des transepts, montaient des fenêtres semblables à de hautes fentes. Elles paraissaient ne s'entr'ouvrir qu'à regret. Au dehors, elles s'accusaient à peine sur l'uniformité de la maçonnerie; au dedans, elles s'évasaient dans l'épaisseur des parois comme des entonnoirs appelant des rayons, ou bien encore comme des archères dans les tours. Elles laissaient pénétrer dans l'église un jour terne et qui semblait venir de très loin, et comme des lointains du vrai jour qui ne connaîtrait pas de déclin. Aux deux extrémités du transept on voyait aussi deux petites ouvertures rondes, l'une ornée de festons qui convergeaient vers le centre, l'autre sans radiation. Ces jours mouraient dans les hauteurs comme un souvenir pâle des luminaires de la genèse, du soleil en face de la lune.

Dans cet intérieur, tout éclat sensible était atténué, tout bruit extérieur apaisé hors la causerie imperceptible des flots de la Varenne qui marchaient sur un lit de cailloux et qui faisaient mieux percevoir le silence de l'église; le recueillement était là profond, il se doublait de la paix de la vallée. Un crépuscule perpétuel y rappelait la demi nuit norwégienne et septentrionale; le normand s'y croyait transporté sous les sombres cieux qui pesaient sur ses ancêtres, le chrétien dans le vestibule des catacombes. L'âme s'isolait, se repliait sur elle-même pour s'observer, voyait son néant, invoquait celui qui travaille sur le néant. A cette prière solitaire quelqu'un de très grand venait remplacer le monde absent : c'était le créateur du monde.

A l'extérieur un clocher carré surmonté d'une flèche et pourvu de deux cloches s'élevait sur la croisée des nefs. Il ouvrait aux quatre points cardinaux ses arcatures géminées qu'unissait, en une profondeur, une troisième arcature.

Le long des murailles étaient appliqués des contreforts plats, comme des bandes de fer sur un coffre.

Au croisillon gauche, on remarquait, sur l'une de ces bandes, tout en haut, un petit personnage semblable à une cariatide. Il était accroupi sur une pierre formant saillie. Il tenait à son col une bourse et regardait dans la direction de l'étoile polaire. C'était Talvas. Il considérait l'étoile avec la foi que son édifice durerait autant que la gravitation du monde autour de cet astre.

Presque toute la maçonnerie extérieure des bas-côtés était disposée en feuilles de fougère qui ressemblaient vaguement à l'empreinte fossile des forêts du temps de Rollon.

Les médaillons disposés sous la corniche représentaient des monstres. C'étaient là peut-être quelques-unes de ces têtes féodales dont l'Eglise avait soumis à la douceur du Christ la monstrueuse brutalité. Quelques-uns tiraient une langue énorme qui s'applatissait sur la babine inférieure, et pour insinuer que l'art du temps pouvait produire autre chose que le difforme, parmi les modillons étaient ciselés fort correctement de belles têtes ovales.

La fenêtre du fond de l'abside s'auréole extérieurement de deux rangs de claveaux que limite l'archivolte.

Les fenêtres latérales sont ceintrées de 12 claveaux que cernent deux rangs d'étoiles, ciselées sous une volute en torsade.

Les colonnettes de ces ouvertures ont des chapiteaux à crochets. Les extrémités de ces excoriations sont de petites têtes avec des yeux et des bouches et cette végétation mythique fait penser aux nains, aux corigans, aux fétiches d'un peuple qui rêve encore des démons alors même qu'il construit la maison de Dieu.

Près de l'église étaient les cellules des moines et l'ensemble vu de haut détachait sur le sinople des prairies une croix d'argent clair, longue et couchée qui semblait dire : tranquillité, pénitence aussi, et cela, au dessous de l'hyéroglyphe apocalyptique du donjon qui sur les rocs voisins des nuages, écrivait prétentieusement dans l'azur le vain espoir d'une sécurité qui ne serait jamais.

III

Alors commence une première période de l'histoire du prieuré, celle où les bénédictins portèrent dans la paix des fruits inconnus.

Il ne leur importa point que la domination des rois d'Angleterre succédât en haut des rochers à celle des comtes et des ducs, ni celle des rois de France à celle des Plantagenets, ils ne chantèrent pas moins au chœur sous leur chape de laine noire les matines de minuit, ils ne se levèrent pas moins avant l'aurore au tintement régulier de leur cloche ; il ne prêtèrent pas moins chaque dimanche

leur chant grégorien au culte paroissial, et pendant deux siècles
les bourgeois eurent la persévérance de descendre et de remonter,
de pierre en pierre la ruelle des cent marches, ou la rue pavée
qui descendait fort obliquement vers Notre-Dame afin d'assister à
la messe du prieuré. Que se passa-t-il chez les bénédictins dans les
courtes intermittences des louanges de Dieu? Ils firent sans doute
ce que faisaient tous les moines : ils pourvurent par des copies à
la conservation des lettres antiques, ils enluminèrent les missels
d'images peintes de rinceaux d'or d'azur et de carmin, ils écrivirent
les annales des peuples. Un jour même, et ce fut pour ces labo-
rieux érudits un jour mémorable, ils virent l'histoire descendre
dans leur église dans la personne de ses plus illustres passants.

En ce temps-là le bien sortait du mal. Ce fut toujours la loi de
l'histoire. Le mal avait été le divorce d'Eléonore d'Aquitaine avec
Louis VII, roi de France; ce caprice royal séparait ce que Dieu
avait uni, et faisait passer au roi anglais, à Henri II, une part du
territoire de la France.

Le bien sortit de là, le 13 octobre 1162 : Henri II eut d'Eléonore une fille. On porta cet enfant dans l'église bénédictine pour
la régénérer dans l'eau, selon le rite. L'église resplendissait; une
foule éblouissante de chevaliers sous l'armure et de nobles dames
se pressait pour assister au baptême. Deux parrains mitrés et por-
tant des crosses, Achard, évêque d'Avranches, Robert, abbé du
Mont-Saint-Michel, accompagnaient au seuil de l'église où elle
allait entrer la royale enfant. Ils lui donnèrent le nom de sa mère
afin que celle-ci revécût avec avantage dans une fille où refleu-
rit sa beauté : la nature en elle renouvellerait son œuvre, une
nouvelle Eléonore serait plus favorable à la France que la première.
Le pape lui-même avait envoyé son légat Henri de Piles, pour la
circonstance. Les oliphants sonnaient, les bannières claquaient
au vent, des flammes multicolores éclairaient au déclin de la
vêprée les vingt-quatre tours de Domfront. Le peuple dansa la nuit
autour des feux de joie allumés dans le bocage, sur les tertres et
devant les églises villageoises, et pour achever je ne sais quel plan
premier que la nature reprend en sous-œuvre et malgré toutes les
contrariétés, cette Eléonore devait avoir, aïeule heureuse, le premier sourire de Louis IX.

L'histoire se manifesta pour les vieux moines annalistes de
façon plus troublante, alors qu'Hastings évoquant dans l'avenir

Azincourt, les Anglais firent sentir à la Normandie les conséquences, j'allais dire les châtiments de la conquête.

Warwick alors assiégea Domfront où Clément Bigot le tint neuf
mois en échec. Le général Anglais ne laissa pas de préluder
durant la mésaventure d'un si long siège à ces maraudages, à ces
pillages d'abbayes, à toutes ces brutalités qui firent des Anglais
les précurseurs des iconoclastes, les successeurs des vandales. Ils
brulèrent Notre-Dame, ils brisèrent le tombeau du vieux fondateur et terminèrent de leur domination courte et dure la première
période de l'histoire du prieuré.

IV

La seconde période s'inaugure par un autre malheur qui fut
celui de tous les ordres religieux. En 1482 l'abbaye de Lonlay,
maison-mère de Notre-Dame-sous-Eau, tomba en commande,
c'est-à-dire qu'elle enrichit de ses revenus des ecclésiastiques
étrangers à la vie régulière. Cet abus ne fit que se fortifier en 1516
lors du Concordat de Léon X et de François Ier. Le roi put nommer
à tous les prieurés. Le magnifique patrimoine rattaché par Talvas
au patrimoine de Dieu et expressément consacré par la charte au
maintien de la vie commune se trouva transformé de la sorte en
une caisse fiscale où la main des souverains puisait à volonté pour
assouvir et pour asservir la noblesse. Etienne Blosset de Carrouges
en tira les premiers profits, (1488), puis vinrent les autres dont
quelques-uns furent laïques. Quarante mille livres de revenu
durent contenter chacun d'eux, et combien pour les dix religieux
qui se repartissaient entre les quatre prieurés de l'abbaye? combien
pour l'unique bénédictin qui restait encore à Notre-Dame? peu

(1) Le premier abbé de Lonlay fut Etienne Blosset, évêque de Lisieux (1522)
puis Louis de Bailleul 1516-1583. Jean Surhomme, jacobin, mort en 1620. Pierre
Poule, puis Eustache de Conflans d'Armentières, jusqu'en 1628. Claude de
Fiesque, jusqu'en 1655. Jules de Rouillac d'Epernon, jusqu'en 1679, gouver-
nèrent l'abbaye. Louis Berriest, un laïque, comte de Percy. François Budin,
nommé en 1691. Jean Armand de Colle, nommé en 1710. N. de Clery de Seraus,
nommé en 1738, succédèrent aux premiers abbés. Ce dernier était archidiacre
de Paris. A partir de 1690 il remit son abbaye au roi et se retira dans son
prieuré de Percy où il mena une vie pénitente avec ses religieux.

de chose assurément presque tout affluait à ces abbés dont la
suite soutenait si peu de rapports avec le but du prieuré; cependant la fin de la vie abbatiale coïncidé avec une physionomie très
particulière que prit Notre-Dame-sous-Eau et qui caractérise la
seconde partie de son histoire : ce que Saint-Denis fut pour la
royauté, elle le fut pour les seigneurs du Passais, la reine vigilante
assise dans les herbes hautes sur des tombeaux. Talvas avait voulu
dormir là, gardé par les chevaliers au noir scapulaire. En vain les
Anglais avaient martelé son monument, si l'on en croit Louis
Dubois, René, duc d'Alençon, l'aurait fait rétablir (1). Sous l'armure, les pieds sur un lion, la tête sur un coussin porté par des
anges, sous une Jérusalem aux ogives pointues, extradossées
d'angles aigus le fondateur était couché. Le monastère était pour
lui comme une échelle par où, sur sa tête endormie, les anges
devaient monter chaque jour et d'âge en âge, élevant de bas en
haut les prières, transmettant de haut en bas les grâces, rançon
de l'âme.

Au premier rang après les Talvas et leurs successeurs inconnus
prirent place les Ledin, gouverneurs de Domfront dès le temps de
Warwick et de Jean II. Depuis le xive siècle la dynastie des Ledin,
Pierre I et Pierre II, Pierre III à des dates inconnues encore,
Guillaume Ledin en 1542, reposèrent du côté de l'évangile, près
d'un pilier; leurs armes éclataient partout dans l'église : aux
voûtes des absidioles, aux vitraux des lancettes, aux pierres des
tombes, elles étaient *d'azur à la fasce d'or accompagnée en chef
de trois étoiles et en pointe d'un cœur, le tout de même.*

Les Ledin, vasseaux de Lonlay, avaient lu la charte où le fondateur « conjurait ses descendants de favoriser de toute la bonne
volonté de leur âme et d'augmenter par de nouvelles faveurs
toutes les donations qu'il venait de faire afin qu'eux mêmes aient
part aux oraisons et suffrages des messes et autres bénéfices spirituels conquis là par les serviteurs de Dieu, » et ils avaient placé
beaucoup d'argent d'une façon si profitable.

Près d'eux dormit la famille d'un chevalier qui joua depuis un
rôle dans l'histoire de Domfront. Le caveau de Boispitard se trouvait dans le chœur ou chancel, et comme invite à le croire une

____

(1) On voit encore ce tombeau dans l'église Notre-Dame-sous-Eau.

situation si voisine de Dieu, il était peut-être antérieur aux sépultures même des Ledin.

En 1550 descendit à Notre-Dame un personnage au nom inconnu qui portait *une épée et une clef en pal, la pointe et le panneton en bas;* puis en 1572 noble dame Desmoulins qui portait *un lion aux un et quatre et trois pals aux deux et trois.*

Puis commence un long défilé de morts connus dans leur temps, fonctionnaires des rois, procureurs, receveurs des tailles, vicomtes et gouverneurs de Domfront, capitaines et roturiers aussi qui vinrent à la fin du XVI⁰ siècle ou au cours du XVII⁰ prendre rang dans l'égalité de la mort en attendant les diversités et les surprises de la résurrection.

V

Tout dort sous la nuit avancée, et sous les bras douloureux et noirs des pommiers.....

> « Les cloches tout-à-coup sautent avec furie
> Et lancent vers le ciel un affreux hurlement
> Ainsi que des esprits errants et sans patrie
> Qui se mettent à geindre opiniâtrement... (1) »

Les habitants s'éveillent, croient à un incendie, accourent en foule à la chapelle de la Poupellière. Ils trouvent un ministre calviniste. Il vient exprès d'outre-mer pour annoncer au peuple normand que Luther avait enseigné, Calvin et Jurieu précisé le principe de la souveraineté religieuse du peuple dans le monde et en particulier dans l'Eglise.

Dans l'enivrement d'une souveraineté si nouvelle, des insensés se crurent tout permis, même contre Dieu, et s'insurgèrent contre la patrie. Ils mirent avec eux l'ambition des princes. Catherine de Médicis fut assez denuée de scrupules pour solliciter l'alliance des séditieux et devint ainsi leur complice. De son côté, Elisabeth, la reine d'Angleterre, leur promit par le traité de Hamptoncourt une somme de cent mille couronnes et une armée de six mille hommes.

(1) Beaudelaire.

Les Anglais, repoussés en Bretagne, débarquèrent au Hâvre et
pénétrèrent en France. Le dernier rejeton de la branche normande
des comtes d'Egland, Gabriel de Montgommery les conduisit trois
fois vers le pays de ses pères français. Il avait avec lui maint gentil-
homme du Cotentin et de l'Avranchin, les *Auxépaules* et les d'*Or-
glandes*, les *Pierrepont*, les d'*Aigneaux*, les *Colombières*, les *Guiton*,
les *Dubois de l'Epine* et ce *Tibergeau* que distinguait une bandou-
lière d'oreilles de prêtres. Des hordes, grasses des impots du roi,
luxueuses du pillage des églises et des abbayes avaient à Briq et à
Villers tué des prêtres en les faisant souffler dans leurs arquebuses
et massacré à l'abbaye d'Aulnay, pour dix écus, un religieux sep-
tuagénaire, elles avaient joué aux boules avec la tête de moines
enfouis, ou donné pour auge à leurs chevaux le ventre de leurs
victimes; elles avaient maçonné vivant, dans une niche de son
église, le curé du Molay, elles avaient saccagé les églises de Saint-
Lo, d'Alençon, de Séez, de Vire où elles avaient massacré plus de
quarante prêtres; elles avaient assassiné en 1562 César de Brancas,
à la porte de l'abbaye de Savigny, Montgommery lui-même avait
ordonné de renverser Saint-Etienne de Caen : l'église Notre-Dame-
sous-Eau ne pouvait être à l'abri de leurs coups.

En 1529, Robert Roger, seigneur de Collières en Saint-Front,
curé de Domfront, avait fondé six chapelains que devait présenter
au prieuré Messire François Lainé, seigneur de Torchamp. Soit
terreur, soit désir des licences nouvelles, les descendants de ce
Lainé embrassèrent la religion réformée. La fondation fut négligée
Les calvinistes ne priaient pas pour les morts : ils jugeaient inutile
de pourvoir aux services mortuaires. Les chapelains ne furent
plus présentés. Enfin Montgommery se manifesta lui-même en
1562; il pilla l'église et brûla les titres de fondation, croyant peut-
être ainsi faire taire l'anathème proféré au xi\ siècle par Guillaume,
Avesgo, Achard, et les signataires de la charte contre les profana-
teurs et qui n'en appelait pas moins sur le plus récent de ses
contempteurs, des malheurs imminents.

La sobriété romane offrait peu de prises aux iconoclastes. Ils
trouvaient à *Notre-Dame-sous-l'Eau* je ne sais quelle image d'un
christianisme des premiers âges et qui n'avait que faire de réformes
et de rescision.

Cependant Goyon de Matignon, le général de Charles IX, avait
deviné le péril d'invasion que cachait ce beau prétexte de cons-

cience libre et il avait prudemment pourvu les forteresses normandes de quelques défenseurs. Il avait préposé au château de Domfront Messire des Chapelles, et voici que le 2 septembre 1563 Poilley de Bretagne, l'un des compagnons de Montgommery, vint avec cent vingt hommes mal armés, pilla la ville, prit le donjon malgré des Chapelles trop heureux de fuir par les latrines et poussé par son fanatisme vers Notre-Dame déjà pillée par Montgommery il se jeta sur ce qu'il en restait à prendre, s'empara des vases sacrés, enfin, Erostrate sans gloire, mit le feu au clocher. L'incendie n'avait de prise que sur la toiture, et l'on vit surplomber, tisons gigantesques, ces chênes que le moyen-âge avait vu croître, et qui puissamment équarris par les haches monastiques, et posés transversalement sur les colonnettes montant de fond, soutenaient les arbalétriers de la charpente. Le bronze des cloches fondues, ruisselait à travers ces tisons sur les tombes de Boispitard, de Ledin, des Talvas.

Les cent vingt pillards commandés par Poilley de Bretagne rejoignirent leur chef Montgommery et tous partirent pour l'Anjou. De là ils allèrent porter le ravage dans le Béarn, la Gascogne et une partie de la Guyenne d'où il devaient revenir par la Rochelle exercer des pirateries sur le littoral armoricain. Leur parti se fortifiait de plus en plus. Catherine enhardissait la sédition par la faiblesse violente d'une répression épouvantable. Montgommery organisa dans les îles anglaises avec les ressources et les hommes de l'Angleterre une nouvelle prise d'armes en Normandie. Au mois de février 1574, cinq mois à peine après la publication de la dernière paix par le parlement, le chef calviniste accompagné de son fils de Lorges tentait de s'emparer de Cherbourg à la tête d'une armée de cinq à six mille hommes, tant anglais qu'émigrés. Colombières marchait vers Saint-Lô. Les huguenots reprenaient Falaise, Argentan et Vire. A Domfront, l'exemple donné six ans auparavant par Poilley de Bretagne était suivi par René et Ambroise Lehéricé dit le Balafré qui, le 26 février 1574, entrèrent au donjon par le moyen d'une grande échelle. Coupel le gardait alors, il prit le chemin qu'avait jadis pris des Chapelles, et une fois maître de la place Ambroise Lehéricé s'en dit le roi. Il traitait la campagne en pays conquis, forçait l'obéissance, prélevait les tailles, requisitionnait le lard, le cidre, le blé, terrifiait les cultivateurs par l'incendie du logis de Boispitard et de la gentilhommière des *jugeries*.

Le général Goyon de Matignon envoya contre lui le capitaine Lachaux qui occupa les avenues des ponts de Notre-Dame-sous-l'Eau, le pont de Caen et les faubourgs de la ville « jusqu'à se loger, dit Boispitard, dans la maison de Louvel Brière. »

Cette aggression ne fit que redoubler la fureur de Lehéricé, « roi de Domfront. » Il riposta en tuant Coudehar et quatre soldats du capitaine de Lachaux et en brulant toutes les églises du voisinage. Notre-Dame fut rebrulée et pour la troisième fois sur ses dalles les esprits mauvais passèrent et repassèrent. « Les horribles, avait prophétisé l'Iduméen, passeront et repasseront sur elle, les ténèbres seront cachées dans ses plus secrets réduits, le feu la dévorera, et elle sera dans la douleur étant délaissée dans son tabernacle. » Le sol du moins, dortoir des expectants, était demeuré pur et immaculé : lui-même il fut ouvert et pénétré à la place du sanctuaire, près de l'autel, à l'endroit du caveau de Boispitard, pour enfouir par intrusion le corps de cet Ambroise Lehéricé, de ce balafré qui, quelques jours auparavant, avait incendié l'église. Hommage involontaire rendu à la sainteté du lieu, mais aussi hommage déshonorant. Notre-Dame deviendrait donc la fossoyeuse du genre humain. Tout sépulcre y serait inglorieux par la promiscuité des purs et des impurs. Cette atteinte à la décence du réveil futur portée aux entrailles même de l'église dépositaire, appelait immédiatement la foudre qui ne tarda pas à frapper les sacrilèges.

Ce ne fut point un prodige, ce fut un simple et naturel enchaînement d'effets et de causes.

Les réformés ne connaissaient pas le culte des morts ni le culte de la Vierge; ils avaient agi à Notre-Dame-sous-l'Eau conformément à leurs principes, ils n'avaient pas seulement refusé la prière aux tombeaux mais manqué de respect aux morts, dans la maison de la mère du premier réveillé d'entre eux. Ils avaient compté sans l'anathème du fondateur et sans les fils des ensevelis.

Pierre Ledin revivait sous le nom de Pierre IV et Boispitard avait une postérité. L'outrage mit dans le cœur de ses neveux assez d'indignation pour arrêter l'insolente fortune des huguenots. Déjà sur la route de cette Notre-Dame qu'ils avaient insultée accouraient, hâtant leurs chevaux, les gens d'armes de Matignon.

Montgommery était dans la ville il y fut retenu par les conséquences même de sa rébellion. Révolté, pouvait-il s'étonner de voir les siens se révolter contre lui. Il ne devait s'en prendre qu'à son propre exemple et à ses propres principes.

Au lieu de venir à sa rencontre le « roi de Domfront » faisait le fanfaron.

Montgommery requisitionnait la nourriture de ses chevaux, le Balafré répondait : pas d'argent, pas d'avoine !

Le huguenot la Patrière chargea ce rebelle : il mit l'épée au clair : « Tiens, dit-il, je vais dégonfler ton orgueil ! » le pied du récalcitrant heurta contre un caillou. Cela suffit à le faire trébucher. Patrière avança, le pressa, l'accula au mur, lui perça le ventre et lui montra qu'un Lehéricé n'est pas un Montgommery.

D'autres discordes, résultat de cette indépendance déréglée dont Calvin avait posé le principe, firent ajourner le départ du général en chef des huguenots, et tandis qu'il réglait les différents des siens, il ne s'aperçut pas que Matignon, général de l'armée royale et catholique, s'approchait nuit et jour, et déjà, se concertait derrière les tertres, au pied des tours de la Chalerie avec Ledin, gouverneur de Domfront. Celui-ci blessé de l'injure faite à ses pères, les dormeurs de Notre-Dame-sous-Eau, parfait connaisseur des sentiers, instruit des démarches et des retards de Montgommery, fut pour Matignon le plus sûr des éclaireurs. Il prit aussi part à l'action. Nommé chef de bataillon, il coupa les routes de la forêt d'Andennes et du mont Gargantin, repoussa les deux sorties de Montgommery et le bloqua dans la ville. Le siège mémorable commença. La vieille église de Notre-Dame-sous-Eau s'étonna de l'éveil tumultueux des échos les plus profonds de sa vallée; de ses yeux gris, embusqués sous l'archivolte, elle vit par dessus la tranquille Varenne le vol strident de six cents boulets de pierre. Ils ouvraient, avec de monstrueux bruits sur le tertre Sainte-Anne et sur le tertre Chapron, un passage à travers une tour aux vingt mille hommes du roi de France, jusqu'à la cité, jusqu'à la citadelle, et jusqu'à Montgommery lui-même qui ne conquit pas, même avec son mépris de la mort, assez de gloire pour s'absoudre de la sédition.

Quand à Boispitard, insulté comme Ledin, il ne fut pas en retard pour venger ses pères. A peine eut-il appris la présence du chef des armées royales, il ne fit point comme le Balafré, qui ne daignait pas aller à la rencontre de Montgommery, non, ce fidèle serviteur vint de suite présenter ses révérences à son maître légitime, à Monseigneur de Matignon. « Voyez, lui dit-il, quels maux nous avons souffert de ce Balafré. Je ne me plains pas de ce qu'il ait cassé mes vitres et pillé mon manoir, non, cela m'est indifférent : cela se remeuble et se répare un manoir ! mais venez, voyez, jugez de ce qu'il à fait à mes aïeux qui sont couchés dans la tombe, les bras croisés, sans reproche, et qui ne peuvent se défendre, et jugez si rien peut égaler la disgrâce de cette église. Où les générations vinrent en suppliantes il est venu en dévastateur. Souffrirez-vous que nos aïeux soient contaminés de sa puanteur. Permettez que sorte de chez eux cet envahisseur de leur dortoir qui ne peut décemment être hébergé sous leur armes et couché dans leur lit. »

« Il est juste, répondit Matignon. Allez, prenez avec vous les soldats du roi, et faites ce que vous devez faire. »

On leva la dalle qui couvrait les Boispitard et le Balafré. On trouva le cercueil de ce dernier.

Faites sauter les clous, cria le chevalier, levez les planches.

Le corps frappé en pleine vie n'avait point eu le temps de se décomposer.

« Faut-il enlever ce mort dans cette boite et comme il est là, dirent les superstitieux qui n'osaient toucher même au suaire. »

Non, dit Boispitard, tirez à vous le corps seulement, laissez la boite. Le corps seul est une souillure. La bierre restera vide pour qu'un jour si la dalle se relève à l'entrée de quelque nouvel arrivant de ma famille, on sache que ce caveau ne fut pas celui de tous, et qu'on se souvienne en voyant un cercueil sans os, de l'acte exemplaire accompli par vos mains.

Personne n'osait toucher le cadavre. Le plus hardi lui mit un licol. Il fut traîné tout le long de la nef sur les dalles, il gratta de ses talons les blasons en relief qui bossuaient le sol, et sous le ceintre du porche, il parut, corps sans regard, au grand jour qui luit sur les catholiques et les huguenots. Les Domfrontais présents dirent : Qu'en ferons-nous ? faut-il le jeter dans la Varenne ?

« Non pas, reprit le chevalier, on ne l'a point encore assez vu : portons-le là haut, sur le sommet du tertre Gresière. Là même, sur les rochers les plus escarpés, et juste au-dessus de la fosse au dragon, nous dresserons un gigantesque gibet, et nous y suspendrons haut et court cet égoulé. Ceux de l'armée royale qui ne l'ont pas vu prendront connaissance de ses traits, et concevront la méfiance et l'horreur de quiconque lui resemblant pourrait être aussi méchant que lui. »

Alors commencèrent ces grandes vociférations qui nous ont été transmises parole pour parole, par l'éditeur même, fier de son œuvre, de ce réaliste spectacle. La naissance de Lehéricé, son père, sa mère furent compris dans l'anathème, accompagné d'éclaboussures, de fange et de coups de pierre. Ce fut une malédiction accompagnée de traînement sur la claie et de lapidation : c'était sauvage et c'était terrible. Les chiens hurlaient, les échos gémissaient. Quelqu'un semblait crier dans la clameur du peuple comme on entend parfois des voix parler dans les vents. Ce quelqu'un c'était l'oublié dont on croyait la voix éteinte par les siècles : le vieux Talvas ! inhumé dans les murs qu'il avait fondés, il avait senti, aussi bien que les Ledin et que les Boispitard, la pluie de bronze fondu tomber de la tour du clocher sur son armure de pierre, et quand la foule multipliait ses voix maudissantes, il semblait que ce fut lui-même qui dit du fond de l'ombre ce qu'il avait dit autrefois :

« Si quelqu'un d'un esprit profane, poussé par l'exécrable inspiration de la cupidité, tente de détruire ou de diminuer la force de ce testament, qu'il soit, à moins qu'il ne se repente, frappé des foudres d'un perpétuel anathème par les évêques présents, plongé dans les ténèbres extérieures de l'abîme de la gehenne où il sera livré aux pleurs et aux grincements de dents, et tourmenté sans fin avec Judas qui trahit le Christ, Dathan et Abiron... »

VI

Les arquebusades des huguenots n'avaient pu faire taire cette voix. Montgommery et ses compagnons l'avaient entendue peut-être, dans le secret silence de leur conscience ils ne lui avaient pas prêté plus attention qu'aux plaintes de leur victimes. René Lehéricé, frère du Balafré, bien que peu désireux du destin fraternel, n'en lutta pas moins avec les cent compagnons de Montgommery, contre les vingt mille hommes du roi, mais quand vint l'heure suprême, il poussa le comte à capituler. Il le faisait pour le mieux, il croyait sauver aussi sa vie et celle de son général. Au sortir du château, il fut emmené prisonnier, sur la route de

Carentan. Il s'était couvert d'un faux nom, il avait de la sorte
échappé au massacre, il serait quelque jour mis à rançon puis
en liberté, il méditait déjà de nouveaux pillages, car en se ren-
dant il n'avait point rendu son âme récalcitrante. Il était traîné de
village en village, à grandes journées, afin que les sectaires en
voyant si vite entraîné et réduit à l'impuissance le plus tenace
d'entre eux, comprissent partout l'inutilité de leurs propres efforts.
René Lehéricé était parvenu à six lieues de Domfront et en vue
des hauteurs de Mortain, quand il entendit un cheval galoper
derrière lui, sur la route.

Il frémit. Il avait reconnu Boispitard! Que voulait au général
ce coureur si pressé?

Goyon de Matignon arrêta son cheval : « Quoi, dit-il! Boispitard!
vous ici? je vous croyais à Domfront, occupé de vous rétablir dans
votre manoir, mais puisque vous avez préféré nous suivre, soyez
le mieux venu du monde parmi vos compagnons d'armes! Nous
allons à Saint-Lô, vous êtes de la partie?

— Non, Messire, répondit Boispitard, justice n'est pas faite
derrière vous, et de tous vos ennemis!

— N'emmenons-nous pas les fauteurs de discorde?

— Les paysans crient vengeance. Les bourgeois sont divisés et
plus d'un parmi eux a pris le parti des vaincus. Il faut que la
royauté s'affirme en cette ville de Domfront qui reste insoumise.
Je ne vous demande pas de me livrer le comte Gabriel, il appar-
tient au roi, mais ce Lehéricé que vous emmenez est le frère même
du Balafré. Donnez-moi ce maudit j'en ferai quelqu'exemple.

Matignon répondit : Il est juste, prenez cet homme et faites-lui
la justice qui lui est due.

Le chevalier de Boispitard le fit donc marcher à pas rapide et
sous bonne escorte.

L'infortuné rebelle, supplia, offrit sa fortune, les quatre mille
livres de rente qu'il se disait avoir au Pissot, ses maisons dont son
juge eût pu s'accommoder et qui compensaient surabondamment
le pillage du logis de Boispitard, ce justicier juste avec rage, ne
voulut rien entendre.

René Lehéricé dut gravir de nouveau par la route du pavé la
montagne de Domfront. Les pommiers avaient leurs fleurs roses,
embaumées, la patrie était plus regrettable qu'en aucune saison.
C'était, comme on l'a dit, mourir deux fois que quitter son bocage

2

enchanteur ; mais par endroits et par moments, l'odeur du sang
et des cadavres se mêlait dans la brise aux parfums venus des
vergers. En face du château, devant les casemates ruinées, une
grande potence se dressait sur une pyramide poudreuse, faite de
décombres. Là pendait le pasteur de Clinchamps qui avait fait la
prière sur l'ordre de Montgommery avant le corps à corps sur le
terre-plein de la citadelle. Midi sonnait derrière les ormeaux à
l'horloge de Godras. Lehéricé avait le ventre vide, il en fut plus
léger pour la corde : les corbeaux aussi avaient faim et tour-
noyaient. Au coup d'une heure, l'homme étouffa. Un dicton populaire (1), tiré de sa complainte et chanté tous les mois par quelque
chanteur forain, sous un parapluie, parla plus loin de lui que
toute oraison funèbre et voltigea longtemps sur les lèvres des
hommes. Elle alla jusqu'au bout du monde la pitié pour cet aven-
turier qui la méritait moins pour être pendu, que pour avoir pillé
Notre-Dame.

<h2 style="text-align:center">VII</h2>

En 1581, Pierre IV Ledin habitait sa gentilhomière de la
Chalerie. Tout-à-coup, il lui sembla que la pierre du foyer remuait.

La terre tremblait en effet : au delà du tertre Grisière, évoquant
les plus profonds échos des forêts et des rocs, le donjon, par ordre
de Henri IV, dispersait sur la montagne ses énormes décombres.

Ledin comprit qu'une ère nouvelle s'inaugurait où la sécurité
ne serait plus un mensonge.

Sa première pensée fut pour Notre-Dame du bord des eaux. Ce
fut lui, qui, peut-être, orna l'autel d'une vierge au corps penché
qu'on y voit debout encore aujourd'hui. Il rebâtit le clocher. La
cloche et le coq portèrent son nom gravé l'une sur son bronze,
l'autre son son aile. Hélas! il n'avait restauré qu'un sépulcre, et
la première qui le visita fut sa propre mère, Mahée Foucaut, épouse
de Guillaume Ledin ; à côté des armes de son mari, sa tombe porte
trois étoiles en chef, le reste mi parti à une épée en pal, la pointe en

____

(1)   *Domfront! ville de malheur!*
      Arrivé à midi, pendu à une heure

dicton fameux qui valut à la petite cité la gloire de ne pas épargner plus d'une
heure les ennemis publics.

haut, à dextre et à sénestre, un cœur. Pierre IV fut lui-même inhumé en 1601 dans l'église où sa main réparatrice avait tant fait pour effacer le souvenir de la guerre civile.

Sa fille, Marquise de Ledin, fut confiée au caveau de sa famille en 1613. Elle était femme d'un conseiller du roi, Brice Coupel, vicomte de Domfront, seigneur de Lépinay et de Jumilly, fils d'Etienne Coupel, surpris dans le donjon par Lehericé.

La femme de Brice, fille de Pierre IV Ledin, avait, sur sa dalle, son portrait gravé au trait sur un marbre incrusté de blanc et de noir, et qui portait cette épigramme funéraire :

> *Passant ce marbre ne regarde*
> *Ma cendre n'est sous ce tombeau*
> *Car mon cher mari me la garde*
> *Et son cœur en est le vaisseau.*

Ces vers sentent bien l'époque où d'Aubigné disait d'une reine :

> *........... Elle avait pour trésor*
> *En garde à son cher cœur cette cendre commise,*
> *Son sein fut un sépulcre.*

Dans le même temps que fut gravée l'épitaphe de Marquise Ledin, l'auteur des tragiques écrivait encore :

> *L'exemplaire secret des idées encloses*
> *Au sépulcre, ranime et les lys et les roses.*

Lilial et rosé fut le marbre qui couvrit à Notre-Dame-sous-l'Eau la sœur de Marquise, en son dix-huitième printemps : elle s'appelait du nom de cette pucelle aux brunes mains

> *Qui fit si grande chose avec tant de candeur,*

et son inscription tombale dit, en termes choisis, comme cette autre Jeanne fut exquise :

> *Ci gist des vertus d'ici-bas*
> *La fleur, la perle et couronne*
> *Si les vertus ne meurent pas*
> *Passant, ici ne gît personne.*

Les pieux gouverneurs de Domfront comptoient pour rien la dépouille filiale qu'ils honoraient pourtant d'un marbre : la réalité pour eux vraiment estimable était le trésor de force, de sacrifice, de beauté resté sans emploi sur la terre et qu'aucun vandalisme ne peut spolier. Ils s'estimaient heureux d'avoir une heure offert aux vergers, aux bruyères, aux sourires, cette fleur de leur race où le plus délicat de leur vertu semblait avoir une reviviscence.

On se reporterait un jour au manoir bocager d'où ces gracieuses figures du passé tirèrent leurs noms : l'ombre légère de Jeanne conduirait au delà du tertre grisière vers les toits mouvementés du château des gouverneurs. La porte des Ledin est encore hospitalière; on s'abrite contre la pluie et l'orage sous son chapiteau voûté en doucine, on monte les escaliers de pierre, on prend place sous les manteaux moulurés des vieux foyers soutenus par des corbeaux; ou près des puits, à l'ombre des grands toits, au milieu des murs clos que lambrisse un lierre, on pénètre dans la vieille chapelle où des noms écrits sur une litre parlent de tous les Ledin.

L'ombre de Jeanne, qui fut leur grâce dernière, nous conduira peut-être encore à Godras, au pied de la grande tour qui domine de la moitié de sa structure les vingt-trois autres tours de Domfront et marque le château des gouverneurs de la ville, au bord de la grande citerne à la margelle courbée comme un fût de colonne, aussi profonde que la tour est haute, enfin au vieux foyer, où nous accueillera son père, le somptueux Pierre Ledin, vêtu de sa robe d'or doublée de satin d'azur, ou selon sa fantaisie, de son autre robe de drap d'argent d'oublée de satin cramoisi, ou bien encore d'une veste de même satin, galonnée d'argent.

Non moins hospitalière que sa sœur, Marquise nous conduira par une avenue de chênes, aujourd'hui déracinés, vers les tours du château de Jumilly, qu'elle habita, jeune épouse, et qui plonge parmi les iris d'or dans l'azur des étangs endormis. Une grande pierre nous servira de pont pour aller avec elle vers la chapelle établie dans une île, et dont les acanthes sont taillés dans le plus dur granit. Mais déjà les loutres et les sarcelles rodent seules en remuant les eaux, autour du sanctuaire, et le lierre a fait rentrer dans la nature la chambre où vécut notre ombre conductrice, Marquise de Ledin, laissant tout désolé de sa disparition et de son immortel silence.

VIII

Cependant que les Ledin prenaient les uns après les autres leur rang dans le sous-sol de Notre-Dame, d'autres de leur connaissance et de leur voisinage occupaient à côté d'eux le terrain sacré. On célébrait encore dans l'église l'office divin, et lorsque le dernier des bénédictins disait, les bras ouverts, en face de l'autel de grâit :

« Souvenez-vous Seigneur de vos serviteurs et de vos servantes qui dorment du sommeil de la paix. »

Il avait à ses pieds :

Guillemine Barré, sœur de Henri Barré, femme du lieutenant-général de Domfront, morte en 1597.

Siméon Pétron, député du tiers-état de la vicomté de Domfront à l'assemblée du 10 octobre 1600, mort en 1605.

J. Ledeboté, mort en 1606.

Anne Collibeaux, femme de Lehérissé, sœur de l'Ouvrère, morte en 1606.

Dame Coupel, née Françoise Bourgoing, morte en 1620.

Jean Balloche des Vallées, Robert des Landes, receveur des tailles, mort en 1626.

Marin Gallery de la Tremblaye, mort en 1630.

Pothier de la Denaye, mort en 1631.

Pothier de la Fresnaye, mort en 1638.

Claude Cormier de la Bindelière, mort en 1641.

Aussi comme les gouttes monotones de la pluie qui tombent, une à une, à Notre-Dame-sous-l'Eau tombaient, tombaient les âmes.

Les corps aussi, après avoir fait leur figure dans la ville haute, descendaient à Notre-Dame.

Les prêtres chantaient en parlant de Sion : « C'est là qu'ont monté les tribus, les tribus du Seigneur pour rendre témoignage au nom du Seigneur!

Avec un léger changement ce chant s'appliquait à la nef du prieuré.

Illuc descenderunt tribus, tribus Domini...

« C'est là que sont descendues toutes ensembles les générations; c'est là qu'elles ont rendu témoignage à leur commun espoir de revivre, ensuite riches et pauvres, nobles et roturiers, tous ensemble ont sommeillé dans la vallée.

IX

Tous ces morts ne passaient point ainsi de la ville haute à la nécropole sans léguer à Notre-Dame quelque chose de leurs biens.

Plusieurs donnaient de leur vivant. Tel en 1635, le 8 octobre, Siméon des Landes, cheveau-léger du cardinal de Richelieu, sieur d'un fief de haubert situé en la Baroche et nommé le Bois-Josselin, donna trente-cinq livres tournois de rente à Notre-Dame-sous-Eau. A partir de ce jour, un service fut célébré chaque année dans cette église, et pour la famille, fut instituée la messe basse du vendredi. Le donateur se dit *sain d'esprit, pensée, entendement ;* il le prouve et déclare que la raison domine chez lui la pensée. Il considère la brièveté de ses jours, la certitude de la mort et l'incertitude de son heure, il dispose en homme libre encore des biens que Dieu lui prêta, et les donne pour assurer son propre repos lorsqu'il achèverait son voyage à travers ce que Talvas appela « la série des siècles qui passent ».

Son exemple fut suivi, le 24 octobre 1633, par un membre de sa famille, Jean des Landes, sieur du Bois-Josselin, receveur des tailles dans l'élection de Domfront. Il fit don entre vifs à l'église Notre Dame-sous-Eau de 35 livres de rente. Talvas fut content, on suivai son conseil, on imitait son exemple : en présence des évêques n'avait-il pas « conjuré ses descendants » « *de favoriser de toute la bonne volonté de leur âme, et d'augmenter par de nouvelles faveurs la donation qu'il avait faite.* »

X

La descente des morts continuait toujours et le dallage de la nef et du chœur devint comme un registre paroissial toujours ouvert, livre non point de vie ni de mort, mais de sommeil.

Il faisait mémoire de tous ceux qui s'étaient endormis. On ne voyait plus leurs visages mais ils s'énonçaient encore deux fois sur la terre : par leur logis, par leur pierre tombale.

Par leur logis perdu dans le bocage, ainsi qu'un vieux nid plus ou moins abandonné, plein encore de leur souvenir et comme des plumes et du léger duvet de leur première enfance, alors qu'ils étaient encore en des berceaux, à la racine d'une existence épanouie ailleurs, par leur logis ils disaient : nous passâmes sur la terre.

Par leurs pierres sépulcrales formant une grande page d'hiéroglyphes héraldiques, assombrissant les émaux colorés de leurs pièces armoriales dans l'ombre de la nef, étonnant la sobriété grave du style roman par d'étranges reliefs lapidaires formules d'une langue morte, par leurs pierres sépulcrales ils disaient : nous passâmes sur la terre.

Les logis pointaient çà et là des feuillages, ils élevaient au-dessus des pommiers leurs tourelles, leurs échauguettes et leurs regardoirs : ils se distinguaient des sombres verdures moins par la clarté que par la couleur, et variaient à peine du sombre bleu de leurs toitures, le vert, obscur comme elle, des frondaisons.

Chacun de ses souvenirs de famille écrit en forme de manoirs sur les guérets ou dans les prairies, avait pour originalité quelque chose de la tournure d'esprit de ceux qu'il rappelait. Les tours de la Seausserie, qui semblaient coiffées de casques comme les chevaliers de la race des Doynel, ne ressemblaient pas aux tourelles d'angle de la Servière habitées par les Gallery, ni la vigie de Bonvouloir, héritage de Achard, n'était point pareille au donjon minuscule de Poucellière, patrimoine des Dufey. Le caractère particulier du manoir était dans sa situation, dans le mouvement de ses toits, dans la forme de ses archivoltes. A Lorailles régnait la moulure grecque, a La Palu, l'ogive, à Bonvouloir, l'accolade.

Les pierres tombales ne se ressemblaient pas non plus, malgré que la nef étendît sur toutes de semblables ombres et les pénétrât toutes de la même fraîcheur. La diversité de leurs blasons faisait la différence de leurs physionomies. L'épée des Gallery ne ressemblait point aux merlettes des Coupel (1), le hérisson de sable des Lehérissé, ou les maillets des Pothier de la Henaye se distinguaient des chevrons des Pothier de la Fresnaye.

Mais, armoiries et manoirs subissaient le même effacement. Ici le relief diminuait sous les pas. Là le lierre et la mousse, accrus par les jours, tissaient un suaire aux ruines du manoir. Ici, du château de Quincey, il ne restait que le saut-de-loup, du logis des Coupel de la Guérousière il ne restait, en Saint-Gilles, qu'une chapelle ogivale, surprise des herbages. Partout la nature reprenait son empire, l'oubli s'établissait.

Les pierres armoriées, les manoirs seigneuriaux pouvaient-ils,

(1) Coupel de la Guerouzière qui *portait un chevron accompagné de trois étoiles à huit raies cantonnées deux en chef et une en pointe,* fut inhumé à Notre-Dame en 1638.

Coupel de la Raterie y fut inhumé en 1668.

avec leurs deux caducités, constituer un souvenir durable? A peine
ces deux vestiges étaient-ils reliés l'un à l'autre par un lien fragile
qui était la mémoire de l'archéologue. Je l'ai connu, je le vois
encore, cet homme qui les faisait se correspondre, avec une poésie
si sévèrement voilée sous l'aspect même de la science, sa tête
blanche était comme une fleur fatiguée des soleils et qui se penche
le soir vers sa terre natale. Il s'appelait Louis Blanchetière. Si
d'aventure il rencontrait quelque part, sur une pierre, un chevron
d'or accompagné de trois croissants d'argent placés deux et un, il
se souvenait en même temps d'avoir vu ces armes quelque part...
Oui, par une chaude journée d'été, peut-être au temps de sa jeunesse, il avait vu pyramider, sur les avenues de châtaigniers, deux
tourelles accostant la porte de la Guyardière, demeure des Cormier et sur cette porte étaient bien les mêmes armes qu'il trouvait
à Notre-Dame accompagnée de la date 1641.

Si par hasard il lisait sur une autre pierre, une autre date :
1660, et d'autres armoiries : *de queules, à trois étoiles d'argent
posées en bandes* « il me souvient, disait-il, d'avoir vu ces étoiles
ailleurs, c'était dans le bocage, à Saint-Mars, au bord de l'Egrenne.
Un pavillon Louis XIII au toit aigu, une tour ronde étaient mar-
qués des mêmes armes, celles de Guillaume Verraquin, conseiller
du roi. J'ai même vu le portrait de leur porteur, c'était un pastel
à demi effacé! »

Louis Blanchetière trouvait ailleurs, près de la date 1638, un
blason *d'azur au lion léopardé d'or*. Sa pensée se reportait vers la
gentilhommière de Champsecret : il revoyait à l'occasion de ce
lieu et de cette pierre mise au rebut, une grande salle parquettée
de madriers, des tapisseries Louis XIII tissées par des flamands sur
des dessins italiens, et au dehors d'anciens étangs, une tourelle
encorbellée sur le granit taillé, coiffée d'une cloche d'ardoise fine,
imbriquée en pennage, et il prononçait un nom, Guillaume de la
Goulande, comme la main qui se pose sur les touches d'un orgue
évoque selon la note, des retentissements divers et lointains, ainsi
lorsque le regard de ce vieil historien se posait sur le sombre cla-
vier des morts que formaient les pierres tombales, il évoquait avec
la rapidité du rêve le souvenir et l'image des gentilhommières
lointaines debout encore ou sur lesquelles avait passé la charrue,
les vivants étaient rattachés à leurs ancêtres, et les oubliés étaient
consolés.

XI

Jusqu'en 1816, Notre-Dame-sous-Eau resta chapelle funéraire, et même on y fit des inhumations après cette date, mais au milieu du xviiie siècle, une cause nouvelle de perturbation s'insinua dans le monde. Au xve siècle, la guerre de religion avait été la conséquence de la souveraineté du peuple, en une matière où le peuple doit être, non pas maître et enseignant, mais enseigné. Au xviiie siècle, la souveraineté impertinente dont je parle ayant fait son œuvre, c'est-à-dire dissous et pulvérisé les croyances révélées, il ne resta du dogme que les croyances naturelles. Celles là même périrent car les dogmes étaient leur égide. On sentit vaciller l'axiome entraîné dans la chute du dogme, et la raison souffrit de la foi diminuée. On crut à peine à Dieu, l'immortalité des âmes ne fut plus présente aux esprits, et le respect des morts ayant cessé, le mépris des vivants commença sous la Révolution et sous l'Empire. Le progrès de la négation dans l'ordre théorique eut son contre-coup de plus en plus pernicieux dans l'ordre pratique des faits, au milieu des villes, et jusque dans les profondeurs abritées par les monts et les bois.

Une tradition raconte qu'une tache de sang restait ineffaçable au seuil de l'église Notre-Dame-sous-Eau depuis 1793, époque où quelque prêtre, gardien des tombes et des autels, aurait été tué sur ce seuil. Ce qu'il est sûr, c'est que les pygmées infiniment petits, nés des magnifiques promesses de la Révolution, s'enhardirent à fouler d'un pied moins respectueux les dalles qui recouvraient les ancêtres. Le 15 messidor an xiii, le maire et les marguilliers de Domfront dressèrent le procès-verbal d'une séance où ils avaient décidé qu'on mettrait en adjudication une partie de la nef, et les bas-côtés afin de les détruire. Il faut noter en passant que le respect dû à la vieille église s'était encore accru, de ce qu'elle était devenue depuis 1754, la chapelle d'un hôpital (1).

(1) L'hôpital de Domfront fondé en 1684. En 1686, dit Caillebotte, l'administrateur de cet hôpital fut assassiné. 4,000 livres de rentes furent votés par le parlement de Rouen, en 1691, pour fonder une chapelle en réparation de ce meurtre.

Mais il fallait l'entretenir : on préféra la mettre aux enchères.

Personne, à cette époque où le passé vivait encore d'une vie sourde et humiliée, personne n'osa se porter adjudicataire. Plus hardis furent, en 1813, des fondeurs de cloches : il ne craignirent point de lever les pierres, de remuer les os pour creuser le sol et firent couler le métal en fusion dans des moules d'une argile sacrée.

La municipalité qui, dès cette époque, était plus révolutionnaire que le peuple et qui marchait en avant des citoyens sur le chemin des oublis, essaya de tirer à son tour un parti pécuniaire de la nécropole, et elle livra, en 1822, à un sieur Pique des Demaines, le sol que tous auraient dû respecter, pour établir, là où s'opérait la métamorphose des tissus corporels, une filature de coton. Le conseil de fabrique de Saint-Julien fut favorable à la concession. L'esprit d'imprudence et de perdition avait gagné même le banc-d'œuvre.

Encouragé par la fabrique elle-même, le conseil municipal s'enhardit contre la mort. Il s'attaqua directement aux tombeaux. Le 19 décembre 1824 un membre exposa que si l'on pouvait employer à paver la nef de la chapelle du collège les pierres tombales, cet usage qu'on en ferait serait plus décent qu'un autre. C'était affecter une idée nouvelle de la convenance et dire aux collégiens qu'une tombe était un objet comme un autre et qu'on ne faisait nulle distinction entre elle et un pavé.

L'église elle-même fut traitée comme une maison vulgaire et de peu de valeur. Le conseil la frappa d'alignement en 1826, d'autant qu'en cette progression de ses mépris, il était soutenu par l'ingénieur départemental, un patriote rectiligne, comme on disait en 1793, et qui se croyait obligé de faire passer par dessus les morts la route de Mortain.

Le 9 mai 1831 les conseillers allèrent plus loin; ils se dirent : puisqu'on a bien pris à l'église son dallage ont peut bien lui prendre à présent sa toiture, et ils décidèrent que les tuiles de Notre-Dame serviraient à couvrir, à l'ouest de la ville, le ci-devant cloître de Saint-Antoine.

Les vents, que jusqu'alors l'embrasure anguleuse des fenêtres laissait pénétrer à peine et comme des frissons du soir, entrèrent bruyamment et frappèrent comme à coups de crosse les autels de granit.

Les caveaux se montrèrent à ciel ouvert, il plut sur eux. L'eau lava les pièces armoriales. Les végétations des murailles humides mêlèrent leurs fresques de sinople aux gueules et aux azurs. La ravenelle inséra dans les interstices des pierres des ors dérisoires. Les flèches et les arbalétriers pendirent dans la nef comme des dents de herse et la désolation entra.

Mais la dernière née des ancêtres, la poésie, s'éprit des vieilles pierres. Victor Hugo et Michelet, Montalembert, Vigny, Musset, Nodier, Emile Deschamps revêtirent toute ruine de gloire. La perspicacité de M. de Caumont classa les vestiges des architectures par époques, on fit sur elles des généralisations hâtives, mais utiles. Il ne fut pas jusqu'au préfet de l'Orne qui ne s'émut de tant de nobles retours vers le passé, il donna tort au conseil municipal de Domfront ; celui-ci fut réduit à ne plus empêcher l'aumônier de l'hospice de tenter quelque restauration du monument, et le conseil de fabrique, enfin converti, de disposer en chapelle sépulcrale l'église du prieuré. Seul l'ingénieur tint bon, il ne voyait que la ligne. Il tenait fixé sur l'utilité basse un œil mathématique. En vertu du principe posé en 1826, il exigea, dix ans après, en 1836, qu'on lui livrat la nef de Notre-Dame, et la route départementale, cette chose incomparablement droite, passa sur tous les souvenirs qui s'atténuèrent dans les cœurs ainsi que sa poussière. L'église avait quarante mètres, elle fut réduite au cinquième de sa longueur.

Quand les Romains alignaient toujours tout droit dans les vallées et sur les cimes leurs dalles de pierre, s'il arrivait qu'ils rencontrassent un tertre funèbre, comme en Angleterre celui d'Avebury, ils se départaient de leur rectitude pour inviter les légionnaires à rendre hommage aux mânes des guerriers. L'ingénieur moderne fait des voies moins durables et ne les infléchit devant aucune majesté. A Ceaucé, il chasse devant lui les os de saint Ernier, à Domfront, comme l'a dit une femme, « il trouve le chemin trop étroit pour lui, et l'église trop grande pour Dieu, il coupe l'église, ajoutant ce morceau de terre bénite au chemin où circulent toutes les jambes et toutes les pattes (1). »

Ah ! si tout-à-coup, sortant des bouches ouvertes du donjon béant par tant d'ouvertures, la grande voix de Talvas allait planer

(1) Shalck de la Faverie.

sur les campagnes, et se faisant entendre au-dessus du sifflet de la locomotive et du grondement de l'usine, disait : Si quelqu'un d'un esprit profane, poussé par l'exécrable inspiration de la cupidité, tente de détruire ou de diminuer la force de ce testament, qu'il soit, à moins qu'il ne se repente, frappé des foudres d'un perpétuel anathème par les évêques présents, plongé dans les ténèbres extérieures de l'abîme de la géhenne où il sera livré aux pleurs et aux grincements de dents, et tourmenté sans fin avec Judas qui trahit le Christ, avec Dathan et Abiron.....

XII

Mais non, on n'entend que le temps qui s'avance et par moments dans l'église un chant lointain, un léger battement d'aile, et comme un chuchotement d'esprit, parfois aussi le pas léger d'une passante qui revient voir le lieu de sa naissance et qui écrit sur son cahier de notes ces paroles depuis publiées :

« La jolie pierre tombale de Marquise de Ledin se détériore lentement dans un coin : chaque année je viens la voir et à chaque visite je constate le toucher du temps sur l'image de la trépassée. D'abord les yeux ont été enlevés, par pitié peut-être, puis les ongles ont disparu, de jolis ongles aristocratiques et longs, puis les plis du vêtement se sont applatis, les pieds de la morte semblent enfoncés en terre sous le piétinement profane des vivants, la date s'efface et le nom disparait (1). »

En présence d'un tel dénuement un ouvrier quêta pour Notre-Dame, il la restaura, l'orna de ses mains comme il put, il fut ennobli pour cela d'une ironie populaire qui l'appela *Jean de la Vierge* et comme il priait dans l'église, il entendit une voix moins brutale que celle des malédictions de Talvas et qui l'entretenait intérieurement. C'était comme les voix de la vieille église animant sa pierre et parlant à son dernier ami : « Homme compatissant ne me plains pas de ma désolation, ne vois-tu pas que c'est par elle que mes murs portent une empreinte, celle de leur hôte éternel. Laisse-moi mes plaies, ne touche pas mes blessures par où je suis comme le Christ. Ce n'est pas en vain que ma forme imita long-

(1) Shalek de la Faverie.

temps sur la terre une croix couchée. Ne vois-tu pas que le jour où les croyances universelles ont périclité, j'ai été comme assortie à leurs périls. Mon sanctuaire a été saccagé quand elles ont été ravagées. Mon dénuement est l'abrégé du dénuement de la terre sans foi. Les coups que j'ai reçus de la sédition sont les contre-coups des meurtrissures de la chrétienté. J'ai souffert au XVIe siècle quand fut niée l'Eglise, au XVIIIe quand fut nié le Christ, au XIXe quand fut nié Dieu. laisse-moi ressembler encore à ce divin blessé que j'ai toujours manifesté, dans ma jeunesse à qui l'adora, dans ma vieillesse à qui ne le connaît plus. »

Florentin Loriot.

Évreux. — Imprimerie de l'Eure, L. Odieuvre, 4 bis, rue du Meilet.